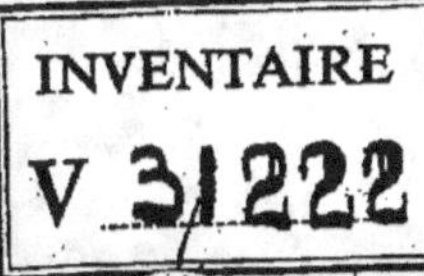

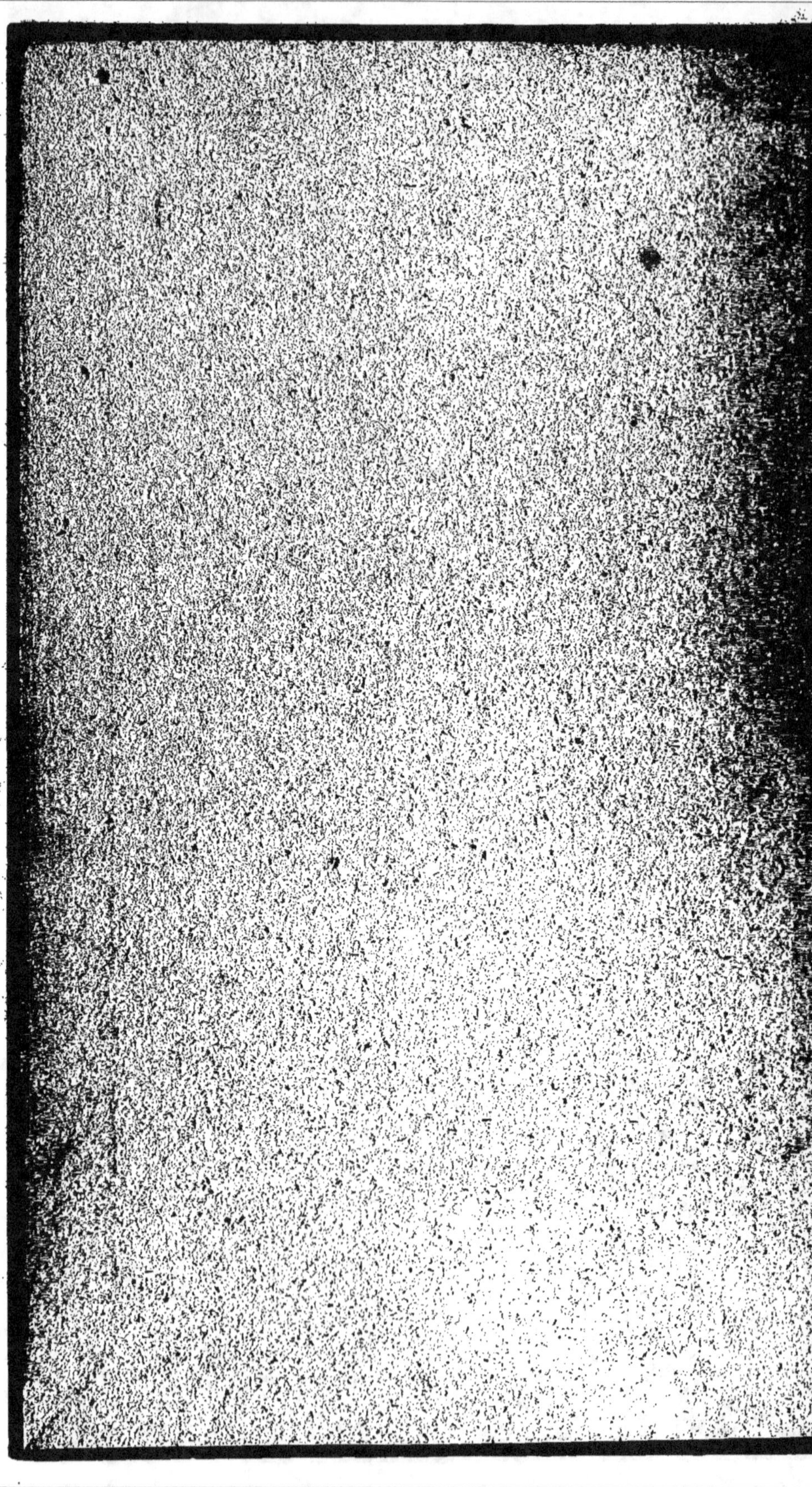

31222

OBSERVATIONS

SUR LES

MANUFACTURES DE DRAPS

ADRESSÉES

A SA MAJESTÉ L'EMPEREUR ET ROI

Par Charles Thomas Désiré BAILLY

Ancien Fabricant de Draps à Elbeuf, Département de la Seine-Inférieure.

A PARIS

Chez Amand Kœnig, Libraire, quai des Augustins, n°. 25.

A STRASBOURG

Même maison de commerce, rue du Dôme, n°. 26.

1806

OBSERVATIONS

SUR LES

MANUFACTURES DE DRAPS

ADRESSÉES

A SA MAJESTÉ L'EMPEREUR ET ROI

Par CHARLES THOMAS DÉSIRÉ BAILLY

Ancien Fabricant de Draps à Elbeuf, Département de la Seine-Inférieure.

A PARIS

Chez AMAND KLEIN, Libraire, quai des Augustins, no 25.

A STRASBOURG

Même maison de commerce, rue du Dôme, no 25.

1806

OBSERVATIONS

SUR LES

MANUFACTURES DE DRAPS,

ADRESSÉES

A SA MAJESTÉ L'EMPEREUR ET ROI,

Par CHARLES THOMAS DÉSIRÉ BAILLY,
Ancien Fabricant de Draps à Elbeuf, Département de la Seine-Inférieure.

LE génie de Colbert ouvrit des manufactures à tous les arts ; mais il n'abandonna point au hasard, ou à la cupidité, cette création si utile à la France, et qui est si analogue à l'esprit d'invention et d'activité de ses habitans, qu'à la richesse de son agriculture.

Ce grand ministre sentit bien que la fabrication de diverses étoffes devait être soumise à des règlemens sages, et sur-tout à leur exécution rigoureuse, c'est aux règlemens établis par

Colbert que nous ayons dû, jusqu'à l'époque de la révolution, le maintien de cet état de perfection à laquelle étaient parvenus nos fabricans de draps et autres étoffes.

Il n'existe aujourd'hui aucune espèce de règlemens pour la fabrication des draps et autres étoffes de laine; et cependant rien n'est plus difficile de maintenir dans un même mode d'exécution; rien ne demande autant d'étude, de soins et d'application, que l'emploi raffiné de la laine; production précieuse, montée à un très-haut prix, et pour laquelle le Gouvernement a fait beaucoup d'avances et de sacrifices.

Après l'intérêt de l'industrie nationale, qu'il n'est pas permis de laisser dégénérer sans s'exposer à de grandes pertes, se présente l'intérêt de l'armée et du trésor public. Quelles dépenses le Gouvernement n'est-il pas obligé de faire pour l'habillement des troupes? Il arrive cependant fréquemment qu'un chef de corps, qui ne prend point la précaution de faire mouiller le drap fourni à son régiment, trouve, après quelques mois, tous les habits ou manteaux raccourcis d'un quart, et même plus. C'est ainsi que le fabricant, non surveillé dans ses travaux, et non assujetti à des règlemens conservatoires de l'industrie nationale, ruine à-la-fois le régiment et le fabricant voisin qui ne peut pas établir ses marchandises au même prix, puisqu'il fabrique un drap meilleur, qui, n'ayant pas été tiré à la rame et étant parfaitement foulé, porte toute la largeur qu'il doit avoir.

Les mêmes inconvéniens qui portent préjudice au trésor public, par la mauvaise qualité des draps fournis pour l'habillement des troupes, font également du tort à tous les autres consommateurs ; alors il s'établit dans le commerce une mauvaise foi générale et une dégénération ruineuse dans le mode de la fabrication : c'est ainsi qu'on voit se réunir les pertes particulières à la perte plus funeste du crédit de nos manufactures et de la décadence de notre industrie.

Si le compte des chaînes était autrefois de 2400 et jusqu'à 3000 fils, il s'en fabrique au moins les 7/8, dont les plus hauts comptes sont de 1800 fils; la trame est en proportion. Il résulte donc de là que le drap donne moins de largeur et moins de longueur; pour parer à ces défauts, on est obligé de le forcer à la rame, et lorsque ce drap a été porté quelque tems, il devient trop court, parce qu'il a perdu ce qu'on l'avait forcé de prendre.

Un des plus grands abus qui se soient introduits depuis que les règlemens des fabriques sont tombées en désuétude, c'est qu'une manufacture emprunte à son gré la marque et la lisière d'une autre manufacture plus célèbre. C'est ainsi qu'en perdant la garantie, que les consommateurs trouvaient dans cette marque invariable, ils sont trompés dans les achats, et que les manufacturiers se ruinent eux-mêmes réciproquement.

La fraude de quelques fabricans était devenue si notoire, et avait si fortement excité les réclamations publiques, qu'on a été obligé de sévir contre quelques-uns d'entr'eux qui mettaient sur le chef des draps ces mots : *façon de Louviers, façon de Sedan.* Le marchand en détail coupait le mot *façon*, et vendait de l'Elbeuf et du Verviers commun pour des draps de Louviers. On avait déjà poussé la mauvaise foi au point que des fabricans de Verviers et du pays de Limbourg avaient mis sur le chef de leurs draps jusqu'aux noms même des fabricans de Louviers et de Sedan.

C'est aussi par le défaut de règlemens et de surveillance que les consommateurs sont également trompés relativement aux teintures faites avec du bois et très-peu d'indigo. C'est dans la ci-devant Belgique que, pour augmenter les bénéfices des fabricans, on a altéré aussi les couleurs, de manière que le militaire qui a cru acheter un drap bleu, n'a plus, au bout de quelques mois, qu'un habit d'une vilaine couleur brune plombée. Si la même fraude s'exerce à Elbeuf, et dans quelques autres manufactures, pour des draps bleus teints en pièce, qu'on fait passer pour du bleu naturel, au moyen de fil de laine qu'on ajoute dans les lisières, et sur-tout dans le chef du drap, c'est par la désuétude des réglemens; et le consommateur seul est puni de sa bonne foi, en voyant après quelques mois les coutures de son habit devenir presque blanches, où d'une couleur différente du drap. Autrefois chaque teinturier, grands teints, était obligé d'apposer un plomb qui, chez divers, était doré, suivant le privilége que le mérite leur avait acquis; ces plombs portaient par extrait la valeur de la teinture, et ne s'accordaient qu'aux draps bons teints; le teinturier, pour l'honneur de sa réputation et pour sa responsabilité personnelle, n'appliquait de plomb qu'aux véritables bons teints; les draps qui ne portaient pas ce plomb étaient reconnus pour petits teints, alors on avait la certitude que le drap ne changerait pas de couleur.

Un simple usage qui s'observait à Paris avait

établi la réputation constante des marchands de draps dans cette capitale : avant la révolution tous les draps qui arrivaient à Paris passaient par la halle aux draps, où l'on faisait débouillir les bleus et les noirs, et tous ceux qui étaient constatés de mauvais teint étaient confisqués : aussi le consommateur n'était jamais trompé, ni pour la qualité et la largeur réelle des draps, ni pour leur teinture, ni pour leurs différentes avaries.

Aujourd'hui, au contraire, plus de règlemens suivis dans les manufactures, plus de bornes à la cupidité des fabricans, plus de contrôle sur la qualité et la teinture des draps ; tout étant livré à l'arbitraire, la sûreté de l'acheteur disparaît du commerce avec la mauvaise foi du vendeur ; c'est une rivalité établie entre les fabricans, non pour bien fabriquer et pour perfectionner cette belle partie de l'industrie nationale, mais pour faire des étoffes les plus apparentes et au meilleur compte. Le prix du drap est extraordinairement augmenté depuis quelques années ; mais la qualité diminue, la teinture se fait avec parcimonie et même avec fraude, et cette augmentation de prix devient effrayante par les abus.

Un seul moyen se présente pour arrêter tous ces abus qu'il serait trop long de développer, mais qui sont généralement connus : ce serait, 1°. de rétablir des règlemens de Colbert, en faisant les modifications que les tems, les circonstances, les progrès des arts et les variations inévitables de la mode peuvent avoir fait au système général de ces règlemens ; 2°. d'établir des Inspecteurs généraux de toutes les manufactures de drap et d'étoffes de laine en France ; 3°. de mettre des surveillans sédentaires dans chaque ville, ou près de chaque manufacture de draps ou étoffes de laine ; ils seraient chargés de faire exécuter sévèrement les nouveaux règlemens qui seraient mis en vigueur, tant pour les largeurs et les lisières, que pour les teintures et chefs des draps, etc.

Ce moyen, d'une utilité déjà reconnue, n'occasionnerait-aucune dépense à l'Etat; tous les préposés seraient salariés par le produit du prix qu'on fixerait à un plomb numéroté, qui serait apposé à chaque pièce de drap, fabriquée selon le règlement, ce qui donnerait annuellement environ trois millions à l'Etat.

Une telle mesure serait reçue avec reconnaissance dans les manufactures, parce que chaque manufacturier y trouverait la garantie de sa réputation et de sa bonne foi, ainsi que la propriété assurée de son industrie et de son talent : nul ne craindrait d'être dépouillé des avantages attachés aux progrès ou au perfectionnement qu'il aurait fait dans sa fabrique; tous les ans, d'après le rapport des surveillans sédentaires, on délivrerait des primes, non pas à celui qui aurait fait une pièce de drap parfaite, mais à celui dont la fabrique aurait fait le plus de progrès dans le cours de l'année; et les acheteurs, ainsi que les marchands en détail, cesseraient enfin d'être trompés sur la qualité des marchandises.

La rétribution qu'on percevrait pour la surveillance des manufactures occasionnerait-elle une augmentation sur le prix des étoffes? Non, puisque cela ne coûterait que 2 décimes par mètre d'étoffe; le drap qui se vend de 28 à 3o francs, ne se vendrait pas 28 francs 2 décimes, ni 3o francs 2 décimes. Le fabricant serait dédommagé de cette rétribution par la garantie de son industrie.

A ces diverses considérations d'intérêt public et particulier, se joignent des considérations bien plus puissantes d'intérêt national et de relations extérieures.

On ne peut contester à la France sa grande supériorité dans la fabrication des draps; les draps de Louviers et de Sedan se répandent dans toutes les parties du monde où le commerce transporte ses richesses; ceux de Carcassone et des provinces méridionales sont portés dans les différentes échelles du Levant; mais si les qualités de nos draps dégénèrent, si les largeurs, les lisières, les couleurs, les teintures sont altérées, notre commerce est accusé de mauvaise foi, nos relations avec l'étranger diminuent, et le premier besoin de la France, celui d'un grand commerce extérieur, décroît et porte à notre prospérité et à notre industrie un préjudice que plusieurs siècles ne peuvent réparer.

Ainsi, sous le triple rapport de l'intérêt des consommateurs, de celui des manufactures, et de celui du commerce national, il est évidemment nécessaire de rétablir pour toutes les fabriques des règlemens sages, des préposés locaux pour les faire éxécuter, et des inspecteurs généraux pour en surveiller l'éxécution. Ce n'est qu'à ce prix que l'on verra prospérer les manufactures françaises, que le perfectionnement de l'industrie sera progressif, et que la réputation des bons fabricans sera assurée.

Cette mesure ne coûterait rien à l'Etat.

Voici comment :

Pour fixer la qualité de chaque pièce d'étoffe,

les inspecteurs, ou préposés locaux, apposeraient le plomb qui indiquerait la 1ere., 2eme., 3eme. ou 4eme. qualité suivant sa valeur, et ce plomb serait payé à raison d'un franc cinquante centimes.

Or, il se fabrique annuellement en France trois millions de coupes de draps et étoffes de laine, ce qui donnerait un capital de 4,500,000 francs.

Sur ce produit l'Etat aurait à payer environ deux cens employés, auxquels on accorderait 3 à 4,000 francs, selon l'importance des fabriques ; pour ce, 800,000 francs.

Plus, quatre inspecteurs généraux, chargés des visites dans toutes les fabriques de France ; on leur accorderait, eu égard à leurs frais de voyages, 20,000 francs ; pour ce, 80,000 francs.

Les frais annuels de bureaux et de l'établissement des matrices pour la marque des plombs, s'élèveraient à 620,000 francs.

D'après ce calcul, il resterait trois millions à la disposition de l'Etat.

Ce projet est digne du Gouvernement Impérial qui a été organisé sous l'heureuse influence du génie et de la victoire ; il est sur-tout digne des grandes vues qu'a manifesté pour l'agrandissement de notre commerce et de nos manufactures, l'illustre chef des Français, protecteur zélé des arts du commerce.

CH. TH. D. BAILLY,

Ancien Fabricant de draps à Elbeuf,
présentement rue St.-Denis, n°. 77,
vis-à-vis celle des Lombards.

A PARIS, de l'Imprimerie de BERTRAND-POTTIER, rue Galande, n°. 51, à l'*Abeille*.

www.ingramcontent.com/pod-product-compliance
Lightning Source LLC
LaVergne TN
LVHW012305050726
842524LV00004B/1209